Petra Giraud

Kinderleichte Laternen

CREATIV COMPACT

CHRISTOPHORUS

Inhalt

Meine liebe Laterne

Am 11. November ist St.-Martins-Tag. Für die Kinder ist es ein aufregender Tag: Mit leuchtenden Augen und einem Strahlen im Gesicht ziehen sie mit ihren Martinslaternen am Abend durch die Straßen und singen Lieder. Voller Stolz tragen sie ihre Laternen – vor allen Dingen, wenn sie beim Basteln fleißig mitgeholfen haben.

In diesem Buch finden Sie Laternen für eifrige Kinderhände. Vom Bedrucken der Laternenfolie oder dem Bekleben der Luftballone mit Kleister und Seidenpapier sind Ihre Kleinen sicher begeistert.

So entstehen stimmungsvolle Laternen: kinderleicht und einfach wunderschön!

Ich wünsche Ihnen und Ihrer Familie viel Spaß beim gemeinsamen Werkeln und beim Martinsumzug.

Ihre

Ein herzliches Dankeschön an meine Familie, die mich so tatkräftig unterstützt und bei der Auswahl der Motive geholfen hat.

Material & Technik

In diesem Buch werden Laternen in vier verschiedenen Techniken vorgestellt: **Ballonlaternen** aus Seidenpapier und Kleister und **Motivlaternen** aus zwei Seitenteilen und einem eingeklebten Papierstreifen als Mittelsteg.
Zuschnitte aus farbiger Wellpappe mit den dazugehörigen Laternenfolien für **Stalllaternen** und Käseschachteln (bestehend aus Laternendeckel und -boden) für **Rundlaternen** sind im Hobby-Fachhandel erhältlich.
Hinweise zu den Techniken siehe Seiten 5, 12, 18, 28.

Vorlagen übertragen

Kohlepapier zwischen den Vorlagebogen und das Papier legen, das gewünschte Motiv direkt durchpausen. Wird das Motiv mehrmals verwendet, empfiehlt sich die Herstellung einer **Schablone**. Dazu Architektenpapier auf den Vorlagebogen legen, die Umrisse des Motivs mit Bleistift nachzeichnen. Die Zeichnung auf dünnen Karton kleben, ausschneiden. Die so erstellte Schablone auf das Werkmaterial legen und mit dem Bleistift umfahren.

Aufhängung

Vorgefertigte Drahtbügel sind im Hobby-Fachhandel erhältlich. Mit Blumendraht lässt sich leicht ein an die Größe der Laterne angepasster Bügel formen.

Hilfsmittel

Folgende Hilfsmittel werden fast bei jeder Laterne benötigt und sind in den Materialspalten nicht mehr aufgeführt: Bleistift, Lineal, Radiergummi, dünner Karton (für die Schablonen) Kohlepapier, Architektenpapier (festes Transparentpapier) für die Vorlagen, flüssiger Alleskleber (z.B. UHU Alleskleber Kraft), Klebestift (z.B. UHU stic), doppelseitiges Klebeband, Einweg-Handschuhe für die Luftballonlaternen, Cutter mit Unterlage, Schere, Kombizange, Locher, Filzstifte in Schwarz und Rot, wasserfeste Stifte in Schwarz und Weiß.

Ballonlaternen

1 Tapetenkleister nach den Angaben des Herstellers anrühren. Das Seidenpapier in etwa 5 x 5 cm große Stücke reißen. Den Luftballon aufpusten und am Hals verknoten.

2 Den Luftballon mit Tapetenkleister einstreichen. Den Ballon mit den Schnipseln überlappend bekleben. Wieder mit Kleister einstreichen und eine neue Schicht Seidenpapier auflegen. Diesen Vorgang fünfmal wiederholen. Mit einer Schicht Tapetenkleister abschließen.

3 Nach dem Trocknen (am besten über Nacht) den Ballon vorsichtig mit einer spitzen Schere knapp unter dem Knoten einstechen, damit die Luft entweichen kann. Den Luftballon vorsichtig aus dem Inneren entfernen. Die Öffnung sauber abschneiden und die Laterne gestalten.

Tipp

Es empfiehlt sich, Einweghandschuhe zu benutzen. Das Seidenpapier färbt stark.

Kürbis & Eule

Abbildung & Materialangaben Seite 6/7

Für den **Kürbis** acht Blätter (Vorlage A1) aus Filz zuschneiden. Je vier Blätter versetzt am oberen Rand anordnen. Augen und Mund auf den Ballon zeichnen und das Gesicht mit einer Nase aus rotem Filz (Vorlage A2) und zwei kleinen Zähnchen aus Moosgummi gestalten.

Auf den Bauch der **Eule** Federn (Vorlage B1) aus Krepppapier schuppenartig aufkleben. Zwei Flügel (Vorlage B2) aus Krepppapier am Körper befestigen. Das Gesicht aus Krepppapier und Fotokarton gestalten (Vorlage B3) und auf dem Ballon anbringen. Zwei Ohren aus braunem Fotokarton (Vorlage B4) an der Linie einschneiden, zusammenkleben. An der oberen Ohrenspitze ein kleines Loch einstechen, Baumwollgarn einknoten und dieses ausfransen. Die Ohren ankleben.

Kürbis & Eule

Material

Kürbis

- Luftballon
- Seidenpapier in Gelb
- Moosgummi in Weiß
- Filz in Rot, Maigrün
- Tapetenkleister

Vorlagen A1, A2

Eule

- Luftballon
- Seidenpapier in Orange
- Krepppapier in Braun
- Fotokarton in Weiß, Gelb, Beige, Schwarz
- Baumwollgarn in Schwarz
- Tapetenkleister

Vorlagen B1 – B4

Anleitung auf Seite 5

Tipp

Luftballons mit Werbeaufdruck sind nicht empfehlenswert. Die Schrift färbt auf das Seidenpapier ab und scheint bei Beleuchtung der Laterne durch.

Schnecke & Glühwurm

Material

Schnecke

- Luftballon
- Seidenpapier in Orange
- Fotokarton in Weiß, Beige, Braun, Schwarz
- Tapetenkleister

Vorlage C

Glühwurm

- Luftballon in Längsform
- Seidenpapier in Weiß, Orange
- Fotokarton in Weiß, Rot, Gold, Schwarz, Silber
- Wellpappe in Regenbogenfarben
- Tapetenkleister

Vorlagen D1 – D3

Die Ballons nach der Anleitung auf Seite 5 mit Seidenpapier und Kleister vorbereiten.

Für die **Schnecke** die Spirale des Schneckenhauses in Schwarz auf den Ballon zeichnen. Den Kopf aus Fotokarton gestalten, die Gesichtszüge mit einem Filzstift aufzeichnen. Den Schneckenkopf auf den Ballon kleben.

Beim **Glühwurm** den Kragen (Vorlage D1) über die Verbindungsstelle der beiden Seidenpapiere kleben. Die Augen und die Nase (Vorlage D2) auf dem Ballon fixieren. Brauen und Mund aufzeichnen. Zwei Flügel (Vorlage D3) an den Rücken kleben. Zwei Fühler aus Wellpappe (je 0,8 x 18 cm) über einen Bleistift rollen und fixieren.

Teufel & Grünes Monster

Abbildung & Materialangaben Seite 10/11

Den **Teufel** mit einem Gesicht (Vorlage E1) und schwarzen Haaren (Vorlage E2) ausstatten. Den Mund aufzeichnen. Die Hörnchen aus Eierkarton aufkleben, beide Ohren (Vorlage E3) an der Linie einschneiden, zusammenkleben und am Körper fixieren.

Für das **Monster** das Gesicht (Vorlage F1) gestalten und aufkleben. Den Mund in Schwarz aufzeichnen. Die Ohren einschneiden, zusammenkleben und am Körper fixieren. Für die Arme und Beine je zwei Streifen (2 x 30 cm) aus dem grünen Tonpapier schneiden und vier Hexentreppen falten. Hände und Füße daran fixieren und die Gliedmaßen an den Körper kleben.

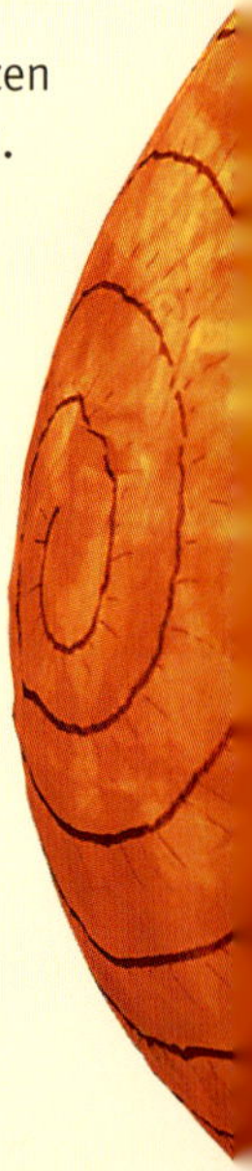

Teufel & Monster

Material

Teufel

- Luftballon
- Seidenpapier in Rot
- Fotokarton in Weiß, Rot, Schwarz
- Eierkarton in Weiß
- Tapetenkleister

Vorlagen E1 – E3

Monster

- Luftballon
- Seidenpapier in Maigrün
- Fotokarton in Weiß, Gelb, Maigrün, Schwarz
- Tonpapier in Maigrün

Vorlagen F1 – F4

Die Ballons nach der Anleitung auf Seite 5 mit Seidenpapier und Kleister vorbereiten.

Anleitung auf Seite 8

Motivlaternen

Material

- Fotokarton in Goldgelb, Maigrün, Schwarz
- Transparentpapier „Quirl Orange"
- Moonrockpapier in Dunkelbraun
- Bastelfilz in Mittelbraun
- Bast in Schwarz

Vorlage G

Tipp

Ist kein Moonrockpapier vorhanden, kann auch Raufasertapete verwendet werden.

Bei allen Motivlaternen verbindet ein Streifen aus Fotokarton (12 cm breit) Vorder- und Rückseite der Laterne. Die Länge des Streifens ist in der jeweiligen Anleitung aufgeführt.
Zunächst das Motiv zweifach für die Seitenteile anfertigen. Die Kleberänder des Verbindungsstreifens (auf beiden Längsseiten je 1 cm) mit einem Falzbein falzen und falten. Kleine spitze Dreiecke als Klebestege ausschneiden.
Diesen Streifen Stück für Stück erst an einem, dann am anderen Seitenteil mit flüssigem Klebstoff fixieren. Dazu die zu verbindenden Papiere mit Klebstoff einstreichen, kurz antrocknen lassen und fest aufeinander drücken.

Katze

1 Die Katze aus Fotokarton in Goldgelb, die Augen in Maigrün und Schwarz, die Nase aus Moonrockpapier, die Innenohren aus Filz und das Gesicht aus Transparentpapier zuschneiden.

2 Aus dem Bast Barthaare zuschneiden, auf die Nasenrückseite kleben und fein einschneiden.

3 Den Rahmen mit Transparentpapier hinterkleben. Ebenso wie die Augen und die Nase mit doppelseitigem Klebeband fixieren. Den Mund aufzeichnen. Die Innenohren aus Filz mit flüssigem Klebstoff aufkleben.

4 Aus dem Fotokarton einen Streifen (12 x 58 cm) schneiden, falzen und die beiden Motive miteinander verbinden wie oben beschrieben.

Wichtel

Material

- Fotokarton in Weiß, Gelb, Rot, Beige, Dunkelbraun
- Tonpapier in Moosgrün
- Transparentpapier in Gelb
- Moosgummi in Beige

Vorlagen H1 – H3

Hinweise auf Seite 12 beachten

1 Die Teile nach den Vorlagen zweifach (für Vorder- und Rückseite) aus Fotokarton und Transparentpapier zuschneiden. Für die Nase Moosgummi verwenden.

2 Augen und Nase auf das Gesicht kleben. Brauen und Mund aufzeichnen. Das Gesicht auf dem Bart fixieren und die Mütze anbringen.

3 Die Hände an die Arme kleben. Diese am Körper fixieren

4 Den Rahmen mit Transparentpapier hinterkleben und je ein Gesicht aufkleben. Aus dem Fotokarton in Gelb einen Streifen (12 x 56 cm) schneiden, falzen und damit, wie auf Seite 12 beschrieben, die beiden Motive verbinden.

5 Für die Beine aus dem Tonpapier vier Streifen (je 2 x 30 cm) schneiden und zu Hexentreppen falten. Die Hexentreppen als Beine ankleben. An deren Enden jeweils einen Schuh fixieren.

Fledermaus

Material

- Fotokarton in Weiß, Rot, Platingrau
- Transparentpapier in Regenbogenfarben

Vorlage J

Hinweise auf Seite 12 beachten

1 Den Fledermauskörper, das Gesicht, die Augen, die Nase und die Zähne aus Fotokarton zuschneiden.

2 Die Augen und die Nase zusammenkleben. Die Lichtpunkte aufmalen und die Teile zusammensetzen. Den Mund aufzeichnen, die Zähne fixieren.

3 Den Rahmen mit Transparentpapier hinterkleben und je einen Kopf auf ein Seitenteil kleben.

4 Die Struktur der Flügel mit dem Filzstift aufzeichnen.

5 Für den Mittelsteg einen Streifen (23 x 61 cm) aus Fotokarton schneiden, falzen und damit, wie auf Seite 12 beschrieben, die beiden Seitenteile verbinden.

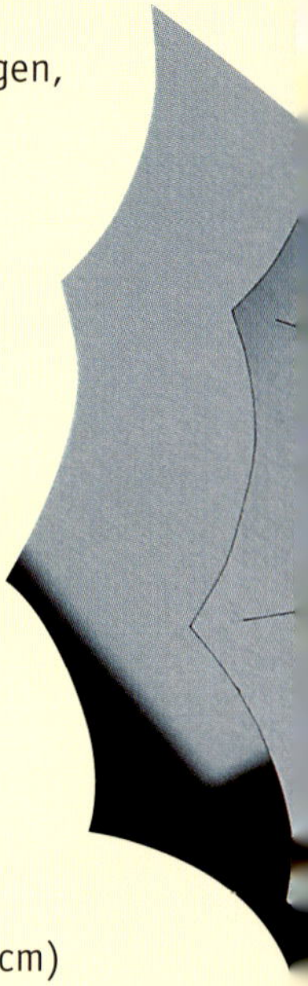

Stalllaternen

Material

- Stalllaterne in Blau
- Transparentpapier „Sternenhimmel"
- Fotokarton in Gelb, Maigrün
- Fotokarton in Weiß, mit Punkten in Rot

Vorlagen K1 – K3

Tipp

Beim Aufkleben der Motive mit der einen Hand vom Inneren der Laterne entgegendrücken. Dadurch bleibt das Transparentpapier knitterfrei und die Motive haften besser.

Alle Fenster der Stalllaternen, wenn nicht anders angegeben, mit Transparentpapier oder Laternenfolie hinterkleben. Die Laterne mit flüssigem Klebstoff an der Seitenlasche zusammenkleben. Den Boden und den Deckel fixieren. Trocknen lassen und ausgestalten.

Weltall

Zwei Sonnen, zwei Monde und zwölf Sterne aus Fotokarton anfertigen. Die Gesichter aufzeichnen. Je zwei gegenüberliegende Seiten mit drei Sternen und einem Mond oder einer Sonne gestalten.

Raben & Käfertreffen

Abbildung & Materialangaben Seite 20/21

Vier **Raben** und vier Blattmotive zuschneiden. Die Pupillen mit dem Locher aus Fotokarton in Schwarz, das Innere der Blüten in Gelb stanzen. Die Motive zusammenfügen. Die Blattstruktur sowie den Mund und die Lichtpunkte in den Augen der Raben aufzeichnen.

Beim **Käfertreffen** für jede Seite ein Blatt und zwei Käfer anfertigen. Schmale Streifen aus Fotokarton als Fühler ankleben. Augen und Nasen mit dem Locher aus Fotokarton stanzen, aufkleben. Pupillen und Punkte mit Filzstift aufzeichnen, das Gesicht mit Lackstift andeuten.

Raben & Käfertreffen

Material

Raben

- Stalllaterne in Gelb
- Transparentpapier (120 g/qm) in Blau
- Fotokarton in Weiß, Gelb, Orange, Maigrün, Moosgrün, Schwarz

Vorlagen L1, L2

Käfertreffen

- Stalllaterne in Gelb
- Transparentpapier in Regenbogenfarben
- Fotokarton in Maigrün, Schwarz, Rot, Weiß, Beige
- Lackstift in Silber

Vorlagen M1, M2

Anleitung auf Seite 18

Gespensterparty

Material

- Stalllaterne in Rot
- Fotokarton in Weiß, Gelb, Rot, Hellgrau
- Transparentpapier (120 g/qm) in Blau

Vorlagen N1 – N5

Hinweise auf Seite 18 beachten

Den Rahmen viermal, jedes Gespenst zweimal ausschneiden. Die Gesichter aufzeichnen und teilweise mit roten Nasen versehen. Die Rahmen von außen auf die Ausschnitte der Laterne kleben. Je zwei Gespenster von hinten in einem Rahmen fixieren. Die Fenster der Laterne mit Transparentpapier hinterkleben und die Laterne zusammenfügen.

Igel & Marienkäfer

Abbildung & Materialangaben Seite 24/25

Vier **Igel** und etwa 36 Blätter aus Fotokarton und Bananenpapier zuschneiden. Jede Seite der Stalllaterne in der oberen Hälfte mit einer Blättergirlande gestalten. Das Stroh aus Bananenpapier aufkleben, den Igel darauf fixieren. Die Pompons als Nasen aufkleben.

Mit einem Korken die Körper der **Marienkäfer** auf die Laternenfolie stempeln. Aus Moosgummi zwei Kreise (1,5 cm und 1 cm ø) schneiden, je auf einen Korken kleben. Mit dem größeren Stempel die Köpfe der Marienkäfer, mit dem kleineren den gelben Hintergrund stempeln. Nach dem Trocknen mit einem Wattestäbchen die Punkte des Marienkäfers andeuten. Die Folien hinter die Ausschnitte der Laterne kleben. Mit Blättern aus Wellpappe (Vorlage P) ausgestalten.

Igel & Marienkäfer

Material

Igel
- Stalllaterne in Rot
- Fotokarton in Gelb, Orange, Weinrot, Beige, Schwarz
- Transparentpapier in Maigrün
- Bananenpapier in Hellbraun
- 4 Mini-Pompons in Schwarz

Vorlagen 01 – 03

Marienkäfer
- Stalllaterne in Grün mit Zuschnitten aus Laternenfolie
- Wellpappe in Natur
- Lackfarbe in Gelb, Rot, Schwarz
- Weinkorken
- Moosgummi
- Wattestäbchen

Vorlage P

Hinweise auf Seite 18 beachten

Anleitung auf Seite 22

Bunter Hund

Material

- Käseschachtel
- Transparentpapier in Maigrün, Moosgrün
- Fotokarton in Weiß, Orange, Maigrün, Beige, Schwarz
- Wellpappe in Natur
- Prickelnadel mit Korkunterlage

Vorlagen Q1, Q2

1 Aus dem orangefarbigen Fotokarton ein Rechteck (23 x 51 cm) schneiden.

2 Mit einer Schablone (Vorlage Q1) die Umrisse der Flecken mehrmals mit Bleistift aufzeichnen. Die Prickelnadel entlang der Bleistiftlinien im Millimeterabstand einstechen. Die Flecken vorsichtig aus dem Fotokarton lösen und mit Transparentpapier hinterkleben.

3 Den Fotokarton auf den äußeren Rand des Laternenbodens mit doppelseitigem Klebeband kleben. Die Seitennaht überlappend fixieren. Zuletzt den oberen Rand des Fotokartons am Laternendeckel befestigen.

4 Den Kopf (Vorlage Q2) aus Fotokarton und Wellpappe gestalten. Die Lichtpunkte, das Maul und die Brauen aufzeichnen. An den Körper kleben.

Rundlaternen

Material

- Käseschachtel
- Transparentpapier „Wolken“
- Tonkarton in verschiedenen Farben
- Satinband, 3 mm breit, in verschiedenen Farben

Vorlagen R1, R2

Für die Rundlaternen aus dem jeweiligen Papier oder Fotokarton einen Streifen (23 x 53 cm) zuschneiden. Den inneren Rand des Laternenbodens mit Klebstoff bestreichen. Den Papierstreifen andrücken. Dabei darauf achten, dass der Rand des Streifens immer auf den Boden stößt. Dadurch ist ein gerades Einkleben gesichert. Den Papierstreifen an den überlappenden Stellen zusammenkleben, den Deckel fixieren. Die Laterne ausgestalten.

Drachen

1 Die Vorlagen für die Drachen und die Schleifen auf Fotokarton übertragen.

2 Die Augen mit dem Locher aus weißem Fotokarton stanzen. Die Augen mit Klebstoff auf die Drachen kleben. Nase und Mund aufzeichnen.

3 Das Satinband in 23 cm lange Stücke schneiden und an den Rückseiten der Drachen fixieren.

4 Die Drachen auf die Laterne kleben. Die Schleifchen auf dem Satinband anbringen.

Qualle

Material

- Käseschachtel
- Transparentpapier (120 g/qm) in Grün
- Fotokarton in Weiß, Rot, Schwarz
- Wellpappe in Regenbogenfarben
- Krepppapier in Gelb

Vorlage S

Hinweise auf Seite 28 beachten

1 Augen und Nase aus Fotokarton nach der Vorlage gestalten. Die Lichtpunkte, die Brauen und den Mund aufzeichnen.

2 Aus Wellpappe zwei Streifen (je 4,5 x 51 cm) schneiden. Je einen Rand der Streifen in Wellenform schneiden und an Boden und Deckel der Laterne kleben.

3 Krepppapier-Streifen (je 2,5 x 60 cm) zuschneiden, in der Hälfte falten und an der Unterseite der Laterne fixieren.

Impressum

ISBN 3-419-56709-X

Lektorat:
Anja Huss, Freiburg

Styling und Fotos:
Christoph Schmotz, Freiburg

Covergestaltung und Layoutentwurf:
Network!, München

Coverrealisierung:
smp, Freiburg

Satz:
digital-professional, Denzlingen

Druck:
Freiburger Graphische Betriebe

Verlag Herder GmbH
Christophorus-Verlag
Hermann-Herder-Str. 4
79104 Freiburg

Tel.: 0761/2717-0
Fax: 0761/2717-352

E-Mail:
info@christophorus-verlag.de

www.christophorus-verlag.de

Tipps & Tricks

- Dünnes Transparentpapier stets mit Klebestift ankleben, da flüssiger Klebstoff das Papier stark wellt.
- Dickes Transparentpapier hingegen mit Flüssigkleber fixieren, da der Klebestift für dieses Papier zu wenig Haftkraft besitzt.
- Bleistiftlinien vor dem Zusammenfügen der Laterne radieren.
- Für Striche und Konturen auf Transparentpapier stets einen wasserfesten Stift verwenden.
- Ein zusätzlicher Aufhängesteg aus Fotokarton stabilisiert die Laterne und verhindert ein Ausreißen des Randes. Diesen im Inneren der Laterne fixieren.

Kreativ-Service

Sie haben Fragen zu den Büchern und Materialien? Frau Erika Noll ist für Sie da und berät Sie rund um die Themen Basteln und kreatives Hobby. Rufen Sie an! Wir interessieren uns auch für Ihre eigenen Ideen und Anregungen. Schreiben Sie an Frau Noll oder direkt an den Verlag, wir hören gern von Ihnen! Per E-Mail: **mail@kreativ-service.info** oder Tel. **07150/302777** | Mo. – Do.: 9.00 – 16.00 Uhr / Fr.: 9.00 – 13.00 Uhr